구멍난 삼베 조각보

서정문학대표시선 · 90

# 구멍난 삼베 조각보

초판 1쇄 발행 | 2024년 12월 23일

저 자 | 김춘연

편 집 | 디자인그룹 여우비
펴낸곳 | 도서출판 서정문학
펴낸이 | 차영미
주 소 | 서울시 강동구 성안로31다길 8(천호동), 101호
전 화 | 02-720-3266  F A X | 02-6442-7202
홈페이지 | http://cafe.daum.net/seojungmunhak
이 메 일 | sjmh11@hanmail.net
등 록 | 2008. 3. 10 제324-2014-000060호

ISBN 979-11-91155-53-2 03810
정가 12,000원

© 김춘연, 2024

\*이 책 내용의 전부 또는 일부를 재사용하려면 반드시 저작권자와
 서정문학 양측의 동의를 받아야 합니다.
\* 잘못된 책은 구입처에서 교환해 드립니다.

서정문학대표시선 · 90

# 구멍난 삼베 조각보

김춘연 시집

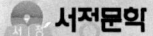
서정문학

| 시인의 말 |

  어느 해 사순절에 본 예수님의 수난 '패션 오브 크라이스트' 영화가 생각난다.

  사소한 일이 쌓여 굳은살이 되었고 고민하고 채워지지 않은 허기진 하루하루 끝없이 바라는 욕심과 내려놓지 못한 나와 자주 부딪친다.

  어려서 부모님을 유난히 따르던 나는 3년 전 아버지와 이별 이후 쉬고 있었던 글쓰기를 시작하였다.
  견디기 힘들었던 가시밭길에서 묵묵히 전향 부활한 그 영화처럼 잡힐 듯 놓치고 왔다 사라진다 해도 늘 그래왔듯이 소소한 행복을 바라보며 나의 삶을 가련다.
  3여 년의 코로나19 귀국할 수 없어 미루어 온 아들의 혼사 그 사이에 태어난 엘리, 하나야, 멀리 토론토에 살고 있는 아들, 딸 두 가정에 응원의 메시지를 시집에 담아 보낸다.

30여 년 군인의 길을 이직하여 회사원으로 편집에 애쓴 든든한 남편 임현교님, 시집 출간을 위해 지도 격려해 주신 공광규 시인님께 감사 드린다.
  도움주신 서정문학 작가님들 노원문인협회 남승원, 이윤선, 정남현 시인님께도 감사드린다.

                2024년 11월
                김 춘 연

|목차|

4 시인의 말

## 제1부
12 골무
14 그 겨울 밤
16 울 엄마
18 그리움 하나
19 천붕天崩
20 여름날의 밭두렁
22 카네이션
23 시나리
24 어매
25 돛단배 다이아반지
26 삼율리 외갓집
27 여름 이야기
28 표고버섯을 널며
29 디딜방앗간
30 한식
31 겨울
32 그곳에 가고 싶다 1

## 제2부
34 고문리에서
35 십이월의 청춘

- 36 참나리꽃
- 37 수제비
- 38 겨울 밤참
- 39 겨울 산
- 40 겨울 해
- 41 구멍 난 삼베 조각보
- 42 놋그릇
- 44 찹쌀죽
- 45 엄마도 그랬구나
- 46 아버지
- 47 산 복숭아
- 48 그곳에 가고 싶다 2

## 제3부

- 50 매미
- 51 머위잎 한 소쿠리
- 52 질경이 나물
- 53 늙은 호박
- 54 영해 가는 길
- 55 치과에 다녀와서
- 56 회색 도자기
- 58 남원 광한루 연가
- 59 풀포기들의 여름 나기
- 60 굴비 한 두름

62 갯바위 놀이터
63 장마
64 돌나물
65 왜목마을에서 부는 바람
66 묵리 피정의 집
67 비 내리는 몽베르 언덕
68 밭내미
69 바다 놀이터

## 제4부

72 추억의 저수지
74 가을 산
75 물든 그리움
76 가을 운동회
77 담쟁이
78 가을맞이
79 가을이 오고 있다
80 잠자리
81 가을 국화
82 정선 노추산 하수오
83 안동 가는 길
84 향수산 다람쥐
85 꿀밤나무
86 석성산 상수리나무

87 　 직박구리
88 　 천안 농부

## 제5부

90 　 아름다운 약속
92 　 큐슈의 봄
93 　 태명이 찰떡이
94 　 자장가
95 　 딸의 해산 날
96 　 아이누리 공원 놀이터
98 　 토버모리에서
99 　 초도반점
100 　 텅빈 11월
101 　 잘 가 엘리야
102 　 대문에 걸린 이웃
103 　 도토리 거위벌레
104 　 회양목 울타리
106 　 토론토 스카보로
107 　 캐나다 어부
108 　 남수원 CC
109 　 웃음을 데려간 뉴질랜드

## 해설

112 　 유소년기 동화적 공간과 자연관, 그리고 가족애 | 공광규

제1부

## 골무

서랍 깊이 넣어 두었던
골무를 꺼내 손가락에 끼워 본다

골무에 새겨진
주름진 얼굴
코끝이 찡하다

헤진 천 둘둘 말아
꺼냈다가 넣었다가
바느질 시름에

가위소리 어둠이 내리고
콧등에 올린 돋보기 너머
저미던 긴 긴 엄마의 밤

나른한 천 쪼가리
윗목에 밀어놓고
늙은 하룻밤 새고 나면

밤낮 홀로 다독거리다

다잡았을 다짐
골무에 담아 놓았다

## 그 겨울밤


졸참나무 아래
떨어진 올 도토리
내 발을 걸었다

나무 아래
쭈그리고 앉아
겨울밤의 기억을 줍는다

형제 여럿 둘러앉아
양푼 가운데 놓고
도토리 묵사발 먹던 밤

후다닥 먹어 치운 형들
빈 양푼 끌어안고
벅벅 긁어 대던 꼬맹이들
참던 울음보가 터졌다

핥던 숟가락에 머리 맞고
울었던 서러운 밤

보풀처럼 묵사발 소동이 일던

양푼도 주름진
그 겨울밤

## 울 엄마

동해 푸른 바다
마을을 감싸 안은 뒷산 드문드문

봄 산 계수나무 소떡소떡
소쩍새 울음소리 들으며
진달래꽃 따서 허기 달래며

보자기 허리춤에 매달고
취나물 잔대나물 다래순 홑잎나물 훑어
꾹꾹 눌러 뜯어 온 산나물

산비탈 땅뙈기 고추 상추 오이 심은
여름 푸성귀

갯바위 미역 널어놓고
홍합 따개비 따 담은
엄마의 광주리

새벽빛 단잠 깨우며
산으로 바다로 동동거리다

어스름 가을에 얹혀
별이 된 울 엄마

## 그리움 하나

장롱에 넣어둔
엄마 니트 투피스를 꺼내
얼굴을 파묻었다

바람 여미는 시월
준비 없이 다가온 이별

식어버린 체취에 마음 묻고
흐느껴 보지만
돌아앉은 그리움 하나

빈 의자에 앉아있는 떠난 세월이
애달픈 가슴만 시리다

## 천붕 天崩

인적 드물어 걸음도 재촉하는
비 내리는 새벽

구부정한 등
늙은 세월은

새벽이슬 덮으시고
자식들을 불러 모았다

곧고 강하셨던 아버지
수원 인계동 어느 처마에서

여든 일곱
아버지의 시계는 멈췄다

## 여름날의 밭두렁


7월 여름 그날은
정구지 캐러 가는 날이었다

풀섶을 휘이휘이 휘저어
큰 성이 만들어 놓은 길
동동 걷어 올린 바지는
이슬에 젖어 있었다

젖은 아랫도리 치켜 올리고
진흙 범벅 흰 고무신 벗어
풀섶에 쓱쓱 문질렀다

잘 자란 정구지
한 소쿠리 캐서 돌아서면
때를 놓쳐 허기진 배
지천에 널린 풀은
파란색 밥알이었다

이슬 머금은 안개
산등성이 기어오르고

나의 고무신 발자국 찍힌
여름날의 밭두렁

## 카네이션


손주들이 살고 있는 캐나다
가기 전에 들린 여주 산소

꽃송이가 작은 소국을
꾹꾹 눌러 심어 놓으니

생전에 어머니 가슴에
달아 드리지 못한 카네이션 같은데

산바람 귓전에 스치고
잔잔하게 미소 짓던 어머니

내 등을 토닥거리신다

## 시나리

꽃비 내리는 4월
아버지 별세 소식에
꺼이꺼이 우시던 시나리 작은아버지

몇 개월간 입원하시다
돌아가셨다

사시사철 방수 옷 입으시고
세월 바람에 점점
야위어져

바다와
우열을 가리지 못하고 돌아가신
바닷사람

비린내 나는
포구 끝자락에
까닭 없이 묶인 배는

돌아올 수 없는
뱃사람을 기다리다
내 대신 울고 있다

## 어매

거칠고 투박한 말투에 가려진
비단결 같은 고운 엄마의 마음

평생을 자식 위해
아낌없이 내어 놓으시고
자신은 없었던 것처럼 살아오신 어매

추운 날 바람 막아 언 손 녹여주고
더운 날 부채질 멈추지 않던

영원할 것 같았던
그 기억이 잦아들 때면
그리움만 더하니

갚을 길 없는 그 사랑
어매 우리 어매

## 돛단배 다이아반지

결혼한 지 일 여년
하와이 사신다는 고모님께
편지를 보냈다

견과류를 동봉한
타국살이 홀로 견뎌온
견고한 사랑으로 눌러쓴 답장

이듬해 귀국하여 건네주신
돛단배 다이아반지

약지 손가락에
끼워주고 가신
고모님의 사랑

## 삼율리 외갓집

외갓집 뒤꼍을 돌면 고추밭이 있다

풋고추 따다 찍어 먹고
지연 재연 주연 인연
리어카에 태워 놀아주던 오라버니들

저녁 연기 모락모락 피어 오를 때면
엄마 찾아 나선 신작로 다리 위

작은 몸 흔들던 난간에
매달린 동공은 점점 커져가고

약속을 하지 않아 올리 없는 엄마
지나가는 애먼 차만 하나둘 세다가

불빛 하나 없는 어두운 논두렁 지나
외갓집으로 되돌아가던
삼율리 밤

## 여름 이야기

먼 산 중턱 너머로
하루 해 지고 나면
매캐한 쑥 모깃불
여름밤을 피우시던 아버지

엄마는
불린 찹쌀 인삼 대추 황기
넣어 끓인 닭백숙 내오시고
그늘도 둘러앉은 흙 마당

## 표고버섯을 널며

초가을
볕 잘 드는 베란다
버섯을 널어 말렸다

가을볕 처마 끝에 걸어두고
볕드는 자리마다
널었다 거두어들이다

가을걷이 애가 타도록
쉴 새 없던 엄마의 손

표고버섯을 널어 시름하는 내 손은
엄마 손이었다

## 디딜방앗간


조롱박 여물어 가는
초가지붕 울타리 따라
뒤뜰 대나무 숲

모퉁이에서 들려오던
방아소리

한숨 섞은 끼니 걱정
낱알 껍질 벗겨 키로 까불고
가루 방아채로 치며

총총 집안일 달고 살던
엄마의 주름살 디딜방앗간

껄끄덩 껄끄덩
그  방아소리 그립다

## 한식


여주시 점동 어우실
시어머니 산소 주변이 휑해 보였다

이른 봄 전곡으로 오시는 날
쓴맛 뺀 고들빼기김치 담궈놓으면

쌉싸름한 맛이 좋다며
밥 한 그릇 뚝딱 비우시던 어머니

쌉싸름한 김치같은 나무 한 그루 심으려고
묘목 시장을 몇 바퀴째 돌고 있다

# 겨울


살얼음 살짝 언
재 너머 시오리 하굣길

돌멩이 툭툭 걷어차다
저만큼 마을이 보이면
엄마를 부른다

발갛게 언 볼 비벼주며
아랫목으로
재빨리 앉히고

이리저리 방바닥 짚어
겨울을 녹여주던
엄마의 손이 그립다

## 그곳에 가고 싶다 1

실내를 가득 메운
원두향이 진한 차 한 잔과
마주 앉았다

타닥타닥 타타타닥
양철 지붕 위로 떨어지는 빗소리
아련한 옛 추억 부르고

좁은 골목길 따라서
팔랑거리고 다니던
단발머리 소녀들

멀리서 들려오는
파도소리 들으며
정겨운 꿈이 자란 곳

그곳에 가고 싶다

# 제2부

## 고문리에서

눈 내리던 그날 고문리
둘이서 눈길을 걸었다

선이 굵직한 곧은 약속
큼직하고 억센 손

때때로 부드러움에
끌리던 겨울

마주 잡았던
손아귀 힘은 간곳없이

새우등처럼 구부러져
잠이 든 세월이 아릿하다

늘어나는 흰 머리카락
하나 둘 패인 주름진 세월

서른여섯 해 전
고문리에서 한 약속은
나와 같이 늙어간다

### 십이월의 청춘

당신을 처음 만난 스물여덟
눈보라 치던 날

겨울만큼 강한 십이월의 청춘
손가락 굳게 걸어
흰 눈 위에 새겨 놓은
우리 약속

하루를 등에 업고 온 세월 무게
기울어져 가는 서로에게
다시 손을 내밀어 본다

## 참나리꽃

어느 나른한 여름날
논에 물꼬 보러 가시는
아버지 따라 집을 나서던 길

사방이 산으로 둘러쳐진
산 속으로 난
인적 드문 좁다란 길

아른아른 피어나던
참나리꽃

논두렁도 나른하여 늘어져 누운
여름 한낮

산바람 불어오면
두메산골 참나리 배시시 피어난다

# 수제비

수제비 떼어 한 그릇 담아내어 놓으니
주린 배 채우던 내 어릴 적
여름이 어렴풋이 떠오른다

여름 볕에 달구어진 집 앞 마당에
양은솥 걸어

멸치 우려 육수 만들어
땀 한 움큼 얹은 수제비 한 그릇

돌아서면 허기지고

휘어진 엄마의 허리
여름 수제비 한 그릇

아웅다웅 그 얼굴들이 스친다

## 겨울 밤참


양념간장 송송 뿌려
올망졸망 모여 앉아
살얼음 살짝 덮인
겨울 밤참
양푼에 담긴 묵

저녁 먹고 돌아서
투닥거리다 배가 꺼진
겨울밤이
눈처럼 수북이 쌓인다

# 겨울 산

도토리 불룩하게
볼 주머니에 넣어
동안거冬安居 준비하는 다람쥐

나뭇잎 대문 만들고
하얀 눈가루 자물쇠 달아

도토리 양식 채워놓은
땅속 작은 집

눈 덮인 산속
낙엽조차 잠이 들고

쌩쌩 바람소리만
겨울산을 매만진다

## 겨울 해


반나절 내려앉은
창가 짧은 햇살
돌아서 그늘 지고 나면

저녁 참새들
가로등 불빛 아래
젖은 깃털을 말리고
언 손 주머니에 넣고
인사도 없이 사라진다

휜 몸 일으키던 노파
해거름 등뒤로
쭈글쭈글한 세월
굵직한 주름 하나 덧댄다

# 구멍 난 삼베 조각보

삼베 조각보 깔고
고슬고슬 고두밥 쪄

가라앉힌 엿기름 국물 부어
한솥 안쳐 놓으니

몇 해 전 하늘로 간
엄마의 조각보

한 땀 한 땀 한숨 섞어
기워 놓은 생애
구멍 난 삼베 조각보

## 놋그릇

어릴 때 우리 집은
제사나 명절이 다가오면
날을 잡아 제기 그릇을 닦았다

구산벌
밥주발 국그릇 탕그릇 퇴주 그릇 접시
종지 잔 잔대 주전자 등

짚 한줌 여러 번 접어
암키와 곱게 빻아 으깨어 묻혀
윤이 반질반질 나도록 닦았다

엄마 그릇 한번 언니 그릇 쳐다보며
가족 수대로 빙 둘러앉아
놋그릇 닦는 날

돌돌만 볏짚 서너 개
꽉 거머쥔 고사리 손
쉽사리 지워지지 않던

놋그릇 닦던 시간

언제나 머물고 싶은
내 추억의 정원이다

## 찹쌀죽

토끼풀꽃 한 송이 따서 내 귀에 걸어주던
곰살맞은 손주들 생각이 나

제 집으로 떠난 지 닷새
툭툭 털고 좀 일어나 보려고
찹쌀 한 움큼 불려 죽을 끓인다

내 웃음도 모두 가져갔는지
착잡하게 가라앉은 마음
드러눕고 싶다

손 따로 휘휘 저어
죽을 쑤느라 애를 써보지만
맛이 하나 없다

몸도 맘도 여물어지려면
엄마가 떠먹여 주던 죽 한 술 먹고
퍼뜩 일어나라며 높새바람 불어온다

# 엄마도 그랬구나

잠자던 머리맡에 앉아 이마 쓸어 주던
그 손길이 남아 있다

가끔 엄마는
할머니가 보고 싶다며
아이처럼 펑펑 울었다

그렇게 살지 않을 거라며
방문을 닫아걸고 귀까지 틀어막았다

아무때나 울지 않을 거라 맹세해 놓고
'속 끓이지 말고 살아라' 하던 말
엄마처럼 울고 있었다

## 아버지

주고도 모자라 돌아서
눈물을 훔치고

제 길 가느라 냉정한 나를 위해
눈길 멈추지 않으시더니

가시던 마지막 길
견디기 힘든 통증에도
나는 괜찮다며

나에게 심어 놓고 가신
아버지의 부성애

# 산 복숭아

1950년
스물두 살 푸른 제복 위에
질끈 동여맨 피 끓던 6월

삼척 어느 산골짜기
겨레를 등에 메고
가슴에는 조국의 명찰 달고

뜨겁게 싸우다가
산기슭으로 산화 되어
유유히 사라져간 외삼촌의 6.25

그 골짜기 산 복숭아꽃
일흔 두 번
피고 지고 또 피고 지고

붉게 익어가는 산 복숭아
한줌의 흙으로
동작동 홀로 피어나 6월을 노래한다

## 그곳에 가고 싶다 2

팔 남매의
바람은 잦아들 날 없었고

마음 터놓을 곳 없어
먼 바다만 바라보다

꾹꾹 눌러 삼키던
그 어딘가에 묻혀 있을
가슴앓이

기억도 추억이 된
그곳에 가고 싶다

# 제3부

## 매미

암흑의
길고 긴 세월
속울음 울다가

또
한번 목이 터져라
오열하더니

삼복
폭염에
파르르 떨다 만

너의 한살이가
참으로
모질구나

## 머위잎 한 소쿠리

퇴근길
씁쌀한 봄을 사 왔다

묵은 낙엽 위 지지대 붙잡고
올라온 봄

겨울을 이긴
머위

퇴근길에 만난
반가운 한 소쿠리

## 질경이 나물

겨울 비집고
소복이 올라온 질경이

보들보들한 여린 잎 도려내어
살짝 데쳐 무친
질경이 나물

볕 잘 드는 오월 마당에서 자라나
입맛 잃은 봄철 밥 한 그릇
뚝딱 비운다

## 늙은 호박

얼마 전 지인이 준
거실 귀퉁이에 놓인 늙은 호박에
머리에 수건 쓴 가을이
주름진 엄마가 앉아 있었다

## 영해 가는 길


가을볕이 좋아
발길 닿는 대로 집을 나섰다
볕이 뿌려지는 고속도로
문경 새재

영천 지날 즈음
눈에 익은 푯말 자불지 마소 은
졸린 눈 비비며 미소 짓게 하였다

바다가 보이는
작달막한 솔밭 사이 갈매기 나르고
창문을 내리니
짭질한 바다 내음이 날아왔다

## 치과에 다녀와서

어금니 한 개 뽑고
마취가 풀리는지
집으로 오는 동안 몸이 쑤신다

빠진 이에 더한 세월
피비린내 나는 솜뭉치 입안 가득 물고

의정부 치과에서 용인까지
욱신거리는 몸을 끌고 돌아오는 길

굵은 실 치아에 묶어 이마 한 대 탁
유치幼齒 하나 빼 주던 아버지 손길이 그리웠다

## 회색 도자기


대전 구룡대 연못에 핀
흰 수련이 유난히 희고 곱다

활처럼 휜 꽃잎으로 피워 놓은
가을 연못가

가난한 군인의 아내로
결혼 6개월쯤
전곡 진군아파트에 이사 갔다

얼마 지나지 않아
집으로 찾아온 여인들은
새댁인 내 꿈을
내려앉게 하였다

궁리 끝에
집을 비워야겠다고 맘먹고
시작한 꽃꽂이

수련이 그려진 회색 도자기

꽃 향이 배어 있는
서른일곱 해

### 남원 광한루 연가

수양버들 늘어진 광한루 나무 아래
부채꼴 날개 깃털 세우고
여름 나들이 나온 원앙새 한 쌍
푸드덕푸드덕 사랑 춤사위

버드나무 등에 업힌 매미는
제 짝 찾느라 목이 터져라
맴 맴맴 맴 맴맴
한여름 뜨거운 사랑이 익어 간다

# 풀포기들의 여름 나기

아파트 길가
어슷어슷 깔아 놓은 돌바닥

돌틈 사이
가느다란 고들빼기

빠져 나온 실뿌리가 가뭄에 말라 있었고
땅 속에 박힌 뿌리들을 흙에 꾹 눌러
묻어주고 물을 줬다

한여름 무더위를 이겨내는
까마중 강아지풀

이 여름 나도
뿌리 내리려 안간힘을 쓰고 있다

## 굴비 한 두름


용인 동백동 백현마을
모아 미래도 아파트
매주 금요일이면 장이 선다

그날은 오일장처럼 꽤 붐볐다

한여름 장날
생선 가게에 엮어 매달아 놓은
굴비 한 두름

아가미 쪽에 씌워 놓은
망사마스크가
재미나고 우스꽝스러웠다

키득거리며 웃다가
망사마스크를 쓰고 엮여 있는
굴비 한 두름

우리들의 일상 같아
우울해졌다

마스크를 쓰고 살아야 하는
코로나로 제약된 매일이
슬픈 하루 하루

## 갯바위 놀이터


사진1리 갯바위 놀이터

긴 작대기 하나씩 집어 들고
그 곳으로 모여들었다

엉덩이 치켜들고
꽁무니 하늘로 쭉 빼고

바위 틈새로 작은 몸 반쯤 집어넣어
숨은 방게와 숨바꼭질

방게 잡이 하던 동무들과
놀이터 갯바위가 그립다

## 장마

2019년 6월 30일 00시 36분
01시 19분 흐릿해져 반 감긴 눈으로
시계를 쳐다본다

내 사정 알 턱이 없는 빗줄기
물폭탄을 뿌려 댄다

손에 쥔 시계 쳐다보고 졸다 깨다 하는 사이
소리 죽여 들어온 남편

잠을 청해보지만 잠은 더 달아나
생각에 꼬리를 물고

흰 커튼 너머 벌건 해는
구부린 채 잠든 남편을 비춘다

## 돌나물

줄 지어 쪼르르 자란
연한 초록빛

낮은 산자락 입구
노지에 자란 돌나물 가족

산 사람들이 밟고 지나가면
새벽이슬 한 모금으로
다시 깨어난다

## 왜목마을에서 부는 바람

실치 축제에 간
당진 장고항 왜목마을

파도는 휘몰아치는 바람과
티격태격 하는 오누이 같았다

바다 냄새 한숨에 나를
사로잡아 버리고

널뛰던 마음까지 잡아주던
바다 바람

내 어깨를 툭 치고 달아나던
갈매기 떼

실치회
친구 왜목 바다

왜목마을 바람을 꿰어 돌아온 힐링은
오래 두고 추억되리라

### 묵리 피정의 집

용인 이동읍 묵리로
개인 피정 가는 날

낯설지만 고요한 산자락
억세게 내리는 소나기
나를 맞아 주었다

메고 간 일상들
묵리 계곡에 하나씩
쏟아 놓고

새벽 미사 여섯째 날
나와 딱 붙어 살던 근심이란 놈
내 마음에서 사라져 버렸다

# 비 내리는 몽베르 언덕

비 내리던 4월
우연히 찾아간
포천 백운 계곡 몽베르

추적추적 빗길 따라
구불거리고 미끄러운 길

깊은 산중 비에 젖어
파르르 떨던
내 모습 같은 나뭇잎

언덕은 숨죽이고
바람을 막아주고 있었다

## 밭내미

밭이 많은 밭내미
흙마당을 두른 돌담

지붕 위에는 올망졸망
아이들의 얼굴만 한
박이 여물고

흙먼지 날리며 뛰놀던
사고뭉치 꼬마들

까르르르
온종일 날뛰던 웃음소리
꼬리를 물었다

키 작은 돌담 너머
소박한 정겨움이
가난했지만 행복하던

아렴풋한 어린 시절
오두막집 돌담길

## 바다 놀이터

솔향 짙은 마을 뒷산
푸른 동해 바다 작은 어촌

부락에 또래 대여섯과
방파제 모래밭이 친구였다

바위에 부딪치는 파도소리는
오케스트라 연주

모래집 지었다가 허물던
바다 놀이터

그 파도소리 들으며
내 마음 속 미움 하나
비우고 온다

# 제4부

## 추억의 저수지

마을 어귀 농로 따라 난
자그마한 저수지
우리 집 오리들 놀이터

해질녘이면 오리 떼를 집으로
몰고 와야 했다

저수지 가는 길
양쪽 주머니 불룩히 돌맹이 채워
오리몰이에 들어간다

돌멩이 하나 던지면
요리조리 자맥질하던 오리

저수지 몇 바퀴를 돌고
주머니 속 짱돌이 바닥날 때쯤
움직이던 오리 귀갓길

오리 궁둥이 실룩실룩
어둠이 내리면

작대기로 땅바닥 툭툭
오리몰이 하던 추억의 저수지

## 가을 산

곱게 물든 석성산
단풍 옷 갈아입고

어느새 떨어진 나뭇잎은
바스락 바스락

낙엽 밟는 소리
쓸쓸하여 아려 옵니다

늦털매미 여름을 뒤흔들더니
허물만 남겨둔 채

자취를 감춰버린
횅한 가을 산

마른 나뭇잎 사이로
바람이 울며 지나갑니다

## 물든 그리움

담장 밑
쪼그려 앉은 물든 추억
하얀 이 들어내고 웃음 짓던 동무들
봉숭아 꽃잎 콕콕 찧어 싸매 주던
물든 그리움

## 가을 운동회


운동장을 뒤엎을 듯한
꼬마들의 함성 소리

높이 매달아 놓은 만국기는
가을볕에 타서 붉게 흔들리고

풍선 같이 부풀은 꼬마들
하늘을 날아오른다

치렁치렁 가을 사이로
총소리 탕 탕 탕

메아리 되어 돌아오던
가을 운동회

# 담쟁이

나지막한 초가집 울타리
아무렇게 쌓은 돌담 타고
기어오르던 여름

한 움큼 꺾어 쥐고
담벽에 기대어 앉는다

부르지 않아도 하나, 둘 모인
흰 담쟁이 왕눈 이야기

## 가을맞이


새벽
창문을 닫는다

늘어졌던 살갗 끌어당기고
쉴 새 없이 돌아가던 선풍기
구석 기둥처럼 서 있다

폭염에 숨죽였던 베고니아
활짝 잎 열어 방마다
가을을 뿌려놓았다

성큼 다가선 가을만큼
마음도 가을이다

## 가을이 오고 있다

베란다에 말려 놓은 고추 냄새가 솔~솔
가을걷이 시골 마당에 와
있는 것 같다

습도를 가져간 바람에
더위에 지친 사람들의
모습이 활기차다

밤새 돌리던 선풍기
어제 저녁에는 쉬고
바람이 다르다

빼꼼하게 열린 거실 TV 앞
하루 일 마치고
스킨을 바르는 저녁

오늘밤
창문을 조금 더 닫고 자야겠다

## 잠자리


고추잠자리 떼
손 닿을 듯
날갯짓하는

가을 개천길

잠자리 얇은
날개에 비친
저녁 노을은

가을 선물이다

## 가을 국화

아침이
일상이
종종걸음으로 바쁜 오늘을
또 걷는다

한 무더기 핀 큰길가
가을이
가던 길을 세운다

## 정선 노추산 하수오

정선군 북면 구절리
노추산 하수오 담금주

수십 년 산의 기운
불끈불끈한 근육

반백 년 용맥의 혈
산을 업고 온 노추산의 뿌리

보자기 깃을 야무지게 눌러 묶어주던
상인의 손이 눈에 선하다

## 안동 가는 길

하얀 눈옷 갈아 입은
아침 기차가 달린다

분주한 마음 먼저 앉힌다

추억 하나 둘
그리고
밤사이 핀 눈꽃 싣고
동행하던 길

### 향수산 다람쥐

용인 동백동 향수산
곳간을 활짝 열어 놓았다

낙엽 속으로 숨은 알밤
술래놀이 재미나고
도토리 또르르 굴러 넘나들던
가을 산자락 다람쥐

낙엽 이불 속 데우느라
겨를 없는지
열린 곳간 문 사이
낯익은 바람 소리 애달픈데

향수산 다람쥐가
보이지 않는다

## 꿀밤나무

경기도 연천군 전곡은
직업 군인이던 남편의 부임지에서
묵 쑤는 것을 배웠다

남편의 잦은 발령
아름드리 꿀밤나무들

올 가을엔
다람쥐 겨울 양식 손대지 않겠다고
서둘러 인사하고 와야겠다

## 석성산 상수리나무


백현마을 산어귀
상수리나무 숲길을 따라 올랐다

양지바른 곳 군락을 이룬
상수리나무

덩치 큰 나무 아래
나는 작은 나무가 되어

괜스레 머뭇머뭇
껍질만 만지작거리다

세월의 골 깊이 패인 나무를
엉거주춤

나무를 끌어안고
올려다보다 눈을 감았다

거칠고 투박하고 온기는 없었지만
믿음직해 보인 나무와 무언의
내일을 약속하였다

# 직박구리

집 앞 나무 숲
나무의자에 내려온 볕과
나란히 앉았다

잔디밭 위
노랗게 피어난 민들레

나뭇가지 부스러기 물고
바쁜 직박구리

쏟아지는
여린 청록이 아우러진 마당

나무의자에 앉은
나른해진 봄볕은 졸고
직박구리 집수리에 바쁘다

## 천안 농부


상자에 담겨온 참외 향기까지
집으로 따라왔다

정성스럽게 돌보며 키워온
참외, 토마토, 감자, 고추 농사꾼

덜 자란 농작물 일으켜 세우고
세심하게 키워 따주던 손길

천안 농부의 정
참외 향만큼 진하다

제5부

## 아름다운 약속

널 처음 만난 날
아담하고 귀여운 키코야
너의 내면에 품은 야무진 다짐도
지금처럼 둘이서 힘을 모으면
무엇이든지 다 잘 될거라 믿어

서로의 장점은 살려주고 결속하여
초심을 잊지 않고
서로에게 필요한 사람으로 살으렴

사랑하는 키코야! 태진 스테파노야!
이제 같은 곳을 바라볼
너희는 서로에게 희망이다
손잡고 가다가 균형을 잃었을 때
초심으로 다시 돌아가길

부족함은 불편할 수 있겠지만
마음 맞으니 채워지더라
모든 일에 공감, 지혜로운 부부가 되게
너희 앞길에 하느님의 무한한 축복이 함께하길 기도할게

멋진 아들 임태진
예쁜 혼마 사키코 사랑한다

을사년 정월에 어머니가

## 큐슈의 봄

꽃바람 봄길
홍매화 핀 꽃길에

큐슈의 봄
아가 웃는 모습이

몽실몽실
피어나는 봄

도쿄 손주는
봄꽃이다

설한의 고통을 이겨낸
홍매화

호숫가에 비친 내 마음

붉은 꽃봉오리에
도요새 날아와 앉는다

## 태명이 찰떡이

비를 머금은 가을 하늘에
무지개 뜨더니

먼 곳에서
찰떡이 소식 보냈구나

널 가졌을 때처럼
가슴이 뛰었다

## 자장가


곰 세 마리가 한집에 있어

내 노래 소리에
손주가 스르르 잠이 든다

오월 이맘때
칡을 캐러 산으로 갔었다

곡괭이 챙겨서
키만 한 망태기 둘러메고
줄줄이 따라 나서던 산마루 고갯길

오라버니가 곡괭이로 구덩이를 파면
고사리 손들이 흙을 퍼냈다
칡껍질을 한 꺼풀 벗겨내 속살 나오면
목마른 산 제비 목축이 듯 칡즙을 넘겼다
붉게 달아오른 얼굴들
까매진 입가를 쳐다보며 부르던  노래

푹 자고 일어난 손주가 환하게 웃는다

## 딸의 해산 날

2022년 6월 21일
"재연아"
"유진이 낮에 별일 없었니?"

어느새 전화로 안부를 묻는 일이
아침 일상이 되었다

며칠 전부터 배가 밑으로 내려와
부스럭 소리에도 민감해진 사위는
밤잠까지 설친다고 하니
도움을 주지 못한 어미 맘
하루가 길고 애달프다

오늘 낮 혼자 상추쌈을 먹다가
출산을 앞둔 나를 위해 매일 기도하던
엄마 모습이 떠올라
잠시 울컥 밥을 넘기지 못했다

## 아이누리 공원 놀이터


집 앞
내꽃 공원 아이누리 놀이터
보스락보스락 가을비 지나가더니

비가 그치자 공원으로
하나 둘 모여 든 아이들은
재잘거리는 참새떼와 금세
섞여 잘 논다

공원
루브라 참나무에 올라앉아
가을볕은 나뭇잎을 조금씩 물들이고

무당벌레 문양 놀이기구는
아이를 등에 태우고 삐기덕 삐기덕
앞뒤 리듬에 맞춰
흔들어댄다

노르스름하게 바꿔 놓은
루브라 참나무 잎사귀를

톡톡 건드리며 지나가는 참새

지난여름
놀이기구를 오르내리며 물든 나뭇잎처럼
붉게 그을려 놀던 보고 싶은 손주 생각에

참새떼 폴짝폴짝 날아오르는 공원
참나무 잎맥 따라 가다 말고
그리움을 만나고 말았다

## 토버모리에서

큰 아이 부부가 이사한
캐나다 온타리오 토버모리
아름다운 호수가 있는 마을이다

말끔히 정돈된 집
열심히 사는 모습이 한눈에 들어왔다

팥 귀리 검정 쌀 섞어놓은 쌀통 안은
내 젊은 날 본 듯하였고

가을 옷 입은 단풍나무 호수 길
까르르 까르르

손주의 웃음이
마을 맑은 호수 같다

## 초도반점

토론토에서 휴가차 귀국한
아들 딸 사위 손주와
강원도 고성군 거진읍
화진포 콘도에 갔다

낡은 표지판 따라 난 해안도로
종종 들렀던 어촌 마을 중국집
짜장면에 고량주 한 잔
노을보다 붉은 힐링

# 텅 빈 11월

훌쩍
떠나버린 텅빈 공항
공항도 울고 나도 울었다

몸이 움직이지 않았다
보낸 마음 돌려 보려고
눈을 감았다

흩어져버린 마음
잦아드는 그리움
남은 잎새 하나 떨어지면

만날 수 없는 것보다
더 진한 아픔 찾아들까
가슴 시린
텅빈 11월

# 잘 가 엘리야


내 품에서 곤히 잠든 손주를 물끄러미 쳐다본다
다시 먼길을 가야 하니 마음이 편치 않았다

석 달간 다니러 왔던 딸
열흘 후면 캐나다로 돌아가야 할 텐데
일손이 잡히지 않고 뒤숭숭하다

살금살금 걸어 다니며
집안 구석구석 새겨 놓은
헤벌쭉하게 웃던 손주 모습

거실에 널브러진 아기용품들
눈에 서린 아쉬움은
앵무새처럼 지줄댄다

오지나 말지

여름 낮 따가운 볕마다 앉고
밭둑 질경이 잎사귀 나물 반찬
쓱쓱 비벼먹던 옛 생각이
구멍 난 마음을 채우고 있다

## 대문에 걸린 이웃

겉봉투에 쓴 메리크리스마스
문고리에 걸어 두고 간
새벽 성탄절

쿠키 견과류 비타민C
꼭꼭 눌러쓴 짤막한 손편지
봉투 속에 숨은 천사

겨울 햇살 같이
언 마음 녹여 주고 간
대문에 걸린 산타였다

## 도토리 거위벌레

여름 향수산 산책길
참나무 숲에 들어서니
아직 덜 자란 도토리 나뭇가지
바닥에 흩어져 있다

도토리 거위벌레가 한 것이다

도토리 뚜껑 쪽 구멍을 뚫어
알을 낳은 도토리 거위벌레

애벌레가 들어 있는
도토리 가지를 땅으로 잘라 내린다

잘려 떨어진 도토리 속살
설익은 도토리 살을 파먹고 자란
도토리 거위벌레

무더위 속에
애벌레의 생존을 위한
성충의 모성

## 회양목 울타리


며칠째 소낙비 내리던 오후
집 가까운 마트 식빵 사 오던 길

키 작은 회양목 울타리 밑
비에 젖어 떨고 있는
새끼 고양이 한 마리

안아주고 싶어 다가서려니
나무 뒤로 숨는다

다리에 힘이 빠지고
비에 젖어 초라한 모습
내 손과 마음을 재촉하였다

굶주림에 달라붙은 배
두드러지게 튀어나온 눈
빵 조각을 건네주니 오물오물거린다

돌아서려 하는데
서너 마리 슬금슬금 곁눈질이다

먹지도 보살핌도 손길 또한 없어 보이는
나무 아래서 얼마나 무서웠을까?

먼 이국땅
낯설고 두려웠을 아들, 딸
마음의 진 빚 조금 갚은 것 같아
뿌듯한 오후다

## 토론토 스카보로


저녁 강아지 산책길
덩치 큰 바람은
벽을 세게 때리고 지나간다

다니던 집 앞 도로
바람에 뽑혀 일어날 것 같다

우리집 하얀 강아지 벼리는
얇은 흰 종이처럼 바람에 날아갔다

캐나다 매서운 추위와
맞서 살아 왔을
아들 딸이 오늘 더 대견하다

## 캐나다 어부

보고 싶은 사람들
배에 둘러 앉았다

호수 한가운데
세월을 띄워 놓고

숲 나무 바람
베스 잡이 어부와

타국을 낚는다

## 남수원 CC

공기 좋은 산속 아침
잔디밭 물별이 햇살에 눈부신다

숨이 멎을 것 같이
퍼부어 대던 소낙비는
폭염에게 바톤 터치하였고

어지간이 내린 비에
진저리가 난 물별은
산바람 파란 얼굴

목 축이러 나온 까투리 한쌍과
산비둘기 가족 구구구구 다정하다

## 웃음을 데려간 뉴질랜드

찬바람 이는 22년 십일월
가재도구 실은 배는 한국을 떠났다

우리 웃음
맑은 미소는 또

목련꽃 미소만 남기고 떠난 뉴질랜드

웃음 실은 뉴질랜드는
돌아오지 않는다

해설

# 유소년기 동화적 공간과 자연관, 그리고 가족애

공광규

1.

현실에서 소소한 행복을 바라는 자신의 삶을 사랑하겠다는 김춘연 시인은 경상북도 영덕에서 출생해 가톨릭대학교 교리신학원을 졸업했다. 간호사와 웃음치료사, 미술치료사, 그리고 동동양꽃꽂이 강사 등 다양하고 역동적인 활동을 했다. 현재 한국문인협회 노원지부 회원인 그녀는 지난 2023년 격월간《서정문학》시 부문에 등단했다.

시집의 서두에서 시인은 어려서 부모님을 유난히 따랐고, 3년 전 아버지와 이별했으며, 이후 글쓰기에 용기를 내어 다시 시를 쓰게 되었다고 고백한다. 어려서 부모님을 잘 따랐다는 것은 선천적으로 자연스럽고 선한 성품을 가진 사람이라는 것을 암시한다. 아버지와 이별이라는 심리적 충격이 서정적 충동을 불러일으켜 시를 쓰게 하고, 결국은 이 시집을 내게 되는 계기가 된 것으로 추정된다.

그녀의 시에는 자신의 유소년기 고향의 자연과 동물 및 인물에 대한 서정적 진술, 황혼 무렵에 이르러서도 계속되는 자연 중심의 사유와 다양한 가족이 등장하는 가족 제

재가 돋보인다. 시인은 유년의 기억에서부터 황혼에 이르도록 이곳저곳에서 만난 사물과 심사를 충실하고 적실하게 표현하고 있다. 뿐만 아니라 부모님을 중심으로 외가와 친가, 형제자매, 남편과 자녀, 손주까지 많은 인물을 시에 등장시키고 있다.


2.
　대개 시인들의 초기 시가 그렇듯, 김춘연 역시 자신의 인생 역사에서 처음 부분인 유소년기를 서정적으로 적실하게 묘사하고 있다. 지금으로부터 거의 두 세대 전에는 산업사회로 전환 전인 농경 중심의 사회였다. 농경문화와 접촉하며 유소년기를 보낸 시인의 주변은 조수초목 에워싸인 시골과 부모와 형제 중심의 세계였다.
　그곳은 시 「담쟁이」에서 보여주듯 "나지막한 초가집 울타리"와 "아무렇게나 쌓은 돌담"이 있던 곳이다. 여름에는 이런 돌담을 타고 기어오르던 담쟁이를 꺾으며 놀았다. 겨울에는 식구들이 "올망졸망 모여 앉아"(「겨울 밤참」) 양념간장을 뿌린 "살얼음 살짝 덮인/ 겨울 밤참"을 양푼에 담아 먹기도 했다.

　　마을 어귀 농로 따라 난
　　자그마한 저수지
　　우리 집 오리들 놀이터

　　해질녘이면 오리 떼를 집으로

> 몰고 와야 했다
>
> 저수지 가는 길
> 양쪽 주머니 불룩히 돌맹이 채워
> 오리몰이에 들어간다
>
> 돌멩이 하나 던지면
> 요리조리 자맥질하던 오리
>
> 저수지 몇 바퀴를 돌고
> 주머니 속 짱돌이 바닥날 때쯤
> 움직이던 오리 귀갓길
> ―「추억의 저수지」전문

 동물은 동화 세계에서 어린이와 함께 자주 출연한다. 동물과 어린이는 유소년 세계에서 잘 어울린다. 동물은 어린이의 행동에 반응을 하면서 어린이의 호기심과 사랑을 받는다. 그래서 동물은 어린이에게 즐거운 놀이의 대상이 된다. 농촌의 대부분 농가에서는 가축을 사육한다. 소나 말은 농사와 운송용이고, 작은 양과 염소와 개, 그리고 닭과 오리 등은 고기나 계란을 얻고, 교환을 통해 금전을 얻을 목적으로 동물을 사육하는 경우가 많다.
 또 각 농가에서는 어른에서 어린이까지 식구마다 알맞은 역할을 부여한다. 화자의 집에서는 오리를 키우고 있다. 어린 화자는 해질녘 저수지에서 먹이를 구하러 나간 오리를 집으로 몰고 오는 역할을 한다. 소녀는 오리를 몰고 오려고 양쪽 주머니에 돌멩이를 불룩이 채우거나, 자맥질하는 오리에게 집에 가자고 돌을 던진다. 작은 저수지에서 마을 어귀 농로를 따라 오리를 몰고 집으로 돌아오는 소녀의 모습이 한 폭의 풍경화다.

또 다른 동물 다람쥐와 참새도 등장한다. 겨울나기를 준비하는 다람쥐는 "나뭇잎 대문을 만들고/ 하얀 눈가루 자물쇠 달아// 도토리 양식 채워 놓은/ 땅속 작은집"(「겨울 산」)에서 겨울을 난다. 겨울 저녁 참새는 "가로등 불빛 아래/ 젖은 깃털을 말리"(〈겨울 해〉)고 있다.

    밭이 많은 밭내미
    흙마당을 두른 돌담

    지붕 위에는 올망졸망
    아이들의 얼굴만 한
    박이 여물고

    흙먼지 날리며 뛰놀던
    사고뭉치 꼬마들
             —「밭내미」 전문

시인은 밭이 많고 돌담이 있고 흙마당이 있으며 온종일 웃음소리가 끊이지 않았던 고향인 시골 동네 경험을 묘사하고 있다. 돌담길 좌우로 골목을 중심으로 늘어서 있는 오두막집 지붕 위에 올라앉은 박은 아이들 얼굴만큼이나 크다. 아이들의 놀이 장소에는 웃음소리도 있지만 갑자기 터져 나오는 울음소리도 있다. 시인은 고향에서 보낸 유소년기를 "소박한 정겨움이/ 가난했지만 행복하던" 시절로

기억한다.

어머니와 아버지, 할머니와 할아버지가 학교 운동장에 모여 같이 뛰는 가을 운동회는 한두 세대를 지나온 성인들에게 추억할 만한 소재다. 시인은 "운동장을 뒤엎을 듯한/ 꼬마들의 함성 소리"(「가을 운동회」)를 활력 있게 묘사한다. 시 「갯바위 놀이터」에서는 자신의 고향 동네로 추정되는 사진1리 갯바위 놀이터에서 있었던 추억을 세밀하게 묘사하고 있다.

동네 친구들은 긴 작대기를 들고 그곳 갯바위 놀이터로 모여 "엉덩이 치켜들고/ 꽁무니 하늘로 쭉 빼고// 바위 틈새로 작은 몸 반쯤 집어넣어/ 숨은 방게와 숨바꼭질"을 한다. 묘사가 현실감 넘친다. 화자는 이런 시절이 그립다고 한다. 또 엄마와 언니들과 빙 둘러앉아 "놋그릇 닦던 시간"(「놋그릇」)은 "언제나 머물고 싶은/ 내 추억의 정원"이기도 하다고 고백한다.

3.

시인은 황혼에 이르러서도 유소년 지향의 동화적 세계를 그리워한다. 원두향이 진한 커피를 마시며, 양철 지붕 위로 떨어지는 빗소리를 들으며 옛 추억을 아련하게 떠올린다. "좁은 골목길 따라서/ 팔랑거리고 다니던/ 단발머리 소녀들// 멀리서 들려오는/ 파도소리 들으며/ 정겨운 꿈이 자란"(「그곳에 가고 싶다1」) 과거 유소년의 세계를 돌아보는 것이다.

김춘연의 건강한 자연관은 여러 편의 시에서 확인되듯

유소년기 반농반어촌에서 자라며 형성된 것이다. 이때 형성된 자연관을 근원으로 갖고 있는 시인은 성인이 되어서도 자연 사물에 관심을 많이 갖게 된다.

시 「석성산 상수리나무」에서 시인은 "덩치 큰 나무 아래/ 나는 작은 나무가 되어" 껍질을 만지작거리다가 "세월의 골 깊이 패인 나무를/ 엉거주춤// 나무를 끌어안고/ 올려다보다 눈을 감"기도 한다. 그리고는 "거칠고 투박하고 온기는 없었지만/ 믿음직해 보인 나무와 무언의/ 내일을 약속"한다.

시 「직박구리」는 표현이 정확하고 담백하며, 시 「아이누리공원 놀이터」는 묘사가 정치하다. 식물에 대한 관심과 훈련된 관찰이 없고는 불가한 표현들이다.

집 앞 나무 숲
나무의자에 내려온 볕과
나란히 앉았다

잔디밭 위
노랗게 피어난 민들레

나뭇가지 부스러기 물고
바쁜 직박구리

쏟아지는
여린 청록이 아우러진 마당

나무의자에 앉은

나른해진 봄볕은 졸고
　　직박구리 집수리에 바쁘다
　　　　―「직박구리」 전문

　숲에 놓인 나무의자에 봄볕과 나란히 앉아있는 화자의 모습이 선명하다. 화자는 잔디밭에 핀 민들레를 보고, 나뭇가지를 물고 바쁘게 오가는 직박구리를 본다. 나무의자에 쏟아져 정적인 상태로 있는 봄볕과 움직이는 동적인 직박구리, 이를 관찰하는 화자의 모습을 잘 묘사하고 있다.
　시 「아이누리공원 놀이터」는 가을비가 지나간 뒤 등장하는 사물들, 그러니까 아이들과 참새 떼를 활력 있게 묘사하고 있다. 공원에 비가 그치자 "공원으로/ 하나 둘 모여든 아이들은/ 재잘거리는 참새 떼와 금세/ 섞여 잘 논다"며 아이들과 참새 떼를 복수로 설정해 활력이 넘치는 공원의 풍경을 묘사하고 있다. "루브라참나무 잎사귀를/ 톡톡 건드리며 지나가는 참새"라는 표현도 섬세하다.

　　지난 여름
　　놀이기구를 오르내리며 물든 나뭇잎처럼
　　붉게 그을려 놀던 보고 싶은 손주 생각에

　　참새 떼 폴짝폴짝 날아오르는 공원
　　참나무 잎맥 따라 가다 말고
　　그리움을 만나고 말았다
　　　　―「아이누리공원 놀이터」 부분

　시인은 집 앞에 공원에서 손주를 떠올린다. 김춘연은 여러 시편에서 한 사물이나 사건, 공간에서 다른 사물이나 사건을 떠올리는 시의 기법을 적실하게 구사하고 있다. 위 시 역시 마찬가지다. 현재 화자가 있는 공간의 놀이기구는 손주가 놀았던 곳이고 지금은 없다. 화자가 "참나무 잎맥을 따라가다 말고/ 그리움을 만나고 말았다"는 표현이 절창이다.

이렇게 김춘연은 현재 공간과 과거 공간, 현재 시간과 과거의 유소년기를 오가며 현실을 변주한다. 시 「바다 놀이터」와 「자장가」가 대표적 사례가 된다.

> 솔향 짙은 마을 뒷산
> 푸른 동해 바다 작은 어촌
>
> 부락에 또래 대여섯과
> 방파제 모래밭이 친구였다
>
> 바위에 부딪치는 파도소리는
> 오케스트라 연주
>
> 모래집 지었다가 허물던
> 바다 놀이터
>
> 그 파도소리 들으며
> 내 마음 속 미움 하나
> 비우고 온다
> ―「바다 놀이터」 전문

마을 뒷산의 소나무와 동해 바다, 작은 어촌, 대여섯 명의 또래가 이루었던 유소년기의 공간은 화자에게 "내 마음 속 미움"이라는 심리적 어려움이 있을 때 돌아가서 비우고 돌아오는 건강하고 긍정적인 공간이다. 과거의 아름다운 추억의 공간이 팍팍한 현실 공간을 탈색시켜 주는 것이다. 다른 시 「자장가」에서는 자장가 노래로 손주를 재우다 어려서 칡 캐러 "곡괭이 챙겨서/ 키만 한 망태기 둘러메고/ 줄줄이 따라 나서던 산마루 고갯길"인 과거 유소년 시절의 공간으로 다녀온다.

4.
　현재 남편 및 아들딸, 손주들과 다복한 노후를 보내고 있는 김춘연의 시집에는 친가인 아버지, 작은아버지, 고모와 외가인 엄마와 외삼촌, 그리고 여덟이나 되는 형제자매, 남편과 시어머니, 아들딸과 사위, 손주 등 여럿의 인물들이 등장한다. 가족 가운데 가장 빈도가 높게 출연하는 인물은 엄마, 또는 어머니다.
　식민지와 전쟁을 겪은 후 국토가 황폐해지자 절대 가난의 시대를 살아야 했던 이 땅의 거의 모든 부모들이 겪은 고난은 눈물겹다. 화자의 엄마 역시 "봄 산 계수나무 소떡소떡/ 소쩍새 울음소리 들으며/ 진달래꽃 따서 허기 달래며//(중략)// 새벽빛 단잠 깨우며/ 산으로 바다로 동동거리다"(「울 엄마」) 돌아가셨다.
　이미지, 즉 심상이 "소국을 닮은"(〈카네이션〉) 시인의 어머니 역시 "평생 자식을 위해/ 아낌없이 내어놓으시고/ 자신은 없었던 것처럼 살아"(「어매」)온 존재다. 어머니가 가끔 "할머니가 보고 싶다며/ 아이처럼 펑펑 울"(「엄마도 그랬구나」)듯 시인 역시 엄마를 생각하며 얼굴을 파묻고 운다.

>장롱에 넣어둔
>엄마 니트 투피스를 꺼내
>얼굴을 파묻었다
>
>바람 여미는 시월
>준비 없이 다가온 이별
>
>식어버린 체취에 마음 묻고
>흐느껴 보지만
>냉정히 돌아앉은 그리움 하나
>
>빈 의자에 앉아있는 흐릿한 세월은
>애달픈 가슴만 시리다
>          ―「그리움 하나」 전문

>몇 해 전 하늘로 간
>엄마의 조각보
>
>한 땀 한 땀 한숨 섞어
>기워 놓은 생애
>구멍 난 삼베 조각보
>          ―「구멍 난 삼베 조각보」 부분

    서랍 깊이 넣어두었던
    골무를 꺼내
    손가락에 끼워 본다

    골무에 새겨진 주름진 얼굴
    코끝이 징하다
            —「골무」 부분

  시인은 추억을 파는 상인이다. 화자는 고인이 사용하던 사물 니트 투피스를 통해 엄마와 추억을 떠올린다. 그리고는 엄마의 부재에 대해 슬픔을 느낀 나머지 니트 투피스에 얼굴을 파묻는다. 슬픔의 크기가 엄마의 체취가 묻었던 사물에 "얼굴을 파묻는"만큼이다. 비유다. 이 시에서 독자는 화자가 준비 없이 엄마와 사별했다는 정보를 얻을 수 있다. 엄마를 보내고 이승에 남아 있는 화자는 가슴이 애달프고 시릴 뿐이다.

  시「구멍 난 삼베 조각보」와 〈골무〉도 위 시「그리움 하나」와 같은 창작 방식을 취하고 있다. 삼베 조각보와 골무라는 특정 사물을 통해 엄마를 떠올리고 있다. 시인은 생전에 엄마가 했던 방식으로 솥에 삼베 조각보를 깔고 고두밥을 고슬고슬하게 찐다. 가라앉힌 엿기름 국물을 부어 안치면서 엄마를 떠올린다. 돌아가신 엄마가 했던 행위와 유사한 행위를 화자가 하면서 엄마를 떠올리는 것이다. 또 서랍을 뒤지다가 고인이 남기고 간 골무를 발견하고는 손가락에 끼워 보다가 엄마의 주름진 얼굴을 떠올린다. 골무를 통해 바느질 시름을 하던 엄마, 콧등에 돋보기를 얹고 바느질로 긴 밤을 새웠을 엄마를 떠올린다.

시 「그곳에 가고 싶다 2」에서 화자의 엄마는 가슴앓이를 "꾹꾹 눌러 삼키"다 저 세상으로 돌아갔다. 문장에서 엄마라고 명시지는 않지만, 시인의 엄마는 팔 남매를 키우느라 바람 잘날 없는 세월을 보내며 "마음 터놓을 곳 없어/ 먼 바다만 바라보다" 세상과 작별을 한 것이다.

> 가시던 마지막 길
> 견디기 힘든 통증에도
> 나는 괜찮다며
>
> 나에게 심어 놓고 가신
> 아버지의 부성애
> ―「아버지」 부분

자기 길을 가느라 냉정한 딸을 위해 눈길을 멈추지 않고 눈을 감은 아버지는 통증을 참으며 "나는 괜찮다"는 말을 남기고 "수원 인계동 어느 집"(「천붕」)에서 "구부정한 등/ 늙은 세월"을 뒤로 하고 여든 일곱에 저 세상으로 돌아가셨다. "인적 드물어 걸음도 재촉하는/ 비 내리는 새벽"이었다. 화자를 두고 저 세상에 가는 부성애가 장엄하게 읽힌다.

시인은 "어느 나른한 여름날/ 논에 물꼬 보러 가시는/ 아버지 따라 집을 나서던 길"에 산속으로 난 좁다란 외길에서 "아른아른 피어나던/ 참나리꽃"(「참나리꽃」)과 "매캐한 쑥 모깃불/ 여름밤을 피우시던 아버지"(「여름 이야기」)를 추억한다. 어금니 발치를 하러 치과에 다녀오면서는 "굵은 실 치아에 묶어 이마 한 대 탁 맞고/ 유치 하나 빼주던 아버지 손길"(「치과에 다녀와서」)을 그리워한다.

그의 시에는 "아버지 별세 소식에/ 꺼이꺼이 우시던 시나리 작은아버지"(「시나리」)가 있고, "리어카에 나를 태우고 끌어주"(「삼율리 외갓집」)던 외갓집 오라버니들이 있다. 형제들과 둘러앉아 "도토리 묵사발"을 먹다 "핥던 숟가락에 머리 맞아/ 울었던 서러운 밤참"(「그 겨울 밤」)의 겨울밤이 추억으로 자리하고 있다.

7월 여름날 "큰 성과 정구지 캐러"(「여름날의 밭두렁」) 갔던 추억이 있고, "돛단배 다이아반지"(「돛단배 다이아반지」)를 건네주신 하와이에 사는 고모가 있다. 시인이 담근 고들빼기김치가 맛이 좋다며 "밥 한 그릇 뚝딱 비우시던"(「한식」) 시어머니가 있다. 시「십이월의 청춘」과「고문리에서」는 스물여덟에 만나 서른여섯 해를 같이 한 남편과 함께 저물고 황혼으로 가는 인생의 여정을 진술하고 있다.

자녀 결혼식에 시「아름다운 약속」으로 축시를 남기기도 하는 시인은 시「딸의 해산날」에서 "출산을 앞둔 나를 위해 매일 기도하던/ 엄마 모습이 떠올라/ 울컥 밥을 넘기지 못"하기도 하고,「텅빈 11월」에서는 자식과 손주를 외국으로 보내며 텅빈 공항에서 "공항도 울고 나도" 운다.

5.
글의 시작에서도 밝혔듯 김춘연의 첫 시집은 자신의 유

소년기 고향의 자연과 동물 및 인물에 대한 서정적 진술, 자연 중심의 건강한 사유와 다양한 가족이 등장하는 가족 제재가 돋보인다. 특히 유소년기 동화적 풍광이 아름다운 반농반어의 시골에서 부모와 형제자매들의 사랑을 듬뿍 받고 자란 시인은 성년기를 거쳐, 현재 다복한 노후를 보내고 있는 모습이 시집 이곳저곳 문장에 눈에 띈다.

예를 들면 "토론토에서 휴가차 귀국한/ 아들 딸 사위 손주와/ 강원도 고성군 거진읍/ 화진포 콘도에"(「토론토에서」) 모여 짜장면에 고량주를 한잔 마시는 모습도 그렇고, 아름다운 호수가 있는 마을인 "큰 아이 부부가 이사한/ 캐나다 온타리오 토버모리"(「토버모리에서」)에서 손주의 웃음소리를 듣는 것도 그렇다.

좋은 가정은 지상의 천국이라는 말이 있다. 시인이 자신의 가정을 잘 가꾸기 위해 고통을 감내하고 기도한 흔적도 시의 행간에 언뜻 보인다. 이 시집은 김춘연의 사랑과 노력으로 이룬 아름다운 유년의 동화적 공간과 자연관, 가족애가 담긴 시집이다. 많은 독자들이 이 시집을 만나 잠시나마 한두 세대 전의 반농반어촌의 아름다운 풍광과 자연, 가족애의 풍경을 만나보기 바란다.